Ilona Bürgel

Sieben Tage Wohlfühl-Glück

ILONA BÜRGEL

Sieben Tage Wohlfühl-Glück

Das kreative Mitmach-Heft

KREUZ

© KREUZ VERLAG
in der Verlag Herder GmbH, Freiburg im Breisgau 2015
Alle Rechte vorbehalten
www.kreuz-verlag.de

Umschlagmotiv: © Max Krasnov/Fotolia
Umschlaggestaltung: agentur IDee

Innengestaltung und Satz: agentur IDee · www.agenturidee.de
Herstellung: Graspo, Zlín

Printed in the Czech Republic

ISBN 978-3-451-61366-1

Inhaltsverzeichnis

Willkommen

Tag 1:
Das Optimum definieren

Tag 2:
Wissen, was guttut

Tag 3:
Zufriedenheit – unsere Wohlfühl-Erlaubnis

Tag 4:
Dankbarkeit – die Wohlfühl-Garantie

Tag 5:
Stärken nutzen – der Wohlfühl-Beschleuniger

Tag 6:
Positives Denken – das Wohlfühl-Werkzeug

Tag 7:
Gutes Gewissen – das Wohlfühl-Sahnehäubchen

Willkommen

Haben Sie heute schon an sich gedacht? Ist es nicht mit dem An-sich-Denken so, dass wir es uns zwar vornehmen, doch nicht tun? Dass wir im Grunde wissen, wie nützlich es ist, und es dennoch aufschieben, „bis wir Zeit haben"?

Wir leben in einer Kultur, die Erfolg und Anerkennung über permanentes Leisten definiert. Wir haben damit ja auch viel erreicht. Doch wir kommen so nicht mehr weiter. Viel zu lange haben wir in Beruf und Privatleben nahe oder sogar über unserer Belastungsgrenze gearbeitet und gelebt. Den Preis dafür müssen wir jetzt bezahlen. Wir sind erschöpft und verlieren die Lebensfreude. Doch es geht auch anders. Und damit können wir heute noch beginnen.

Eine neue Haltung heißt vor allem, eine neue Haltung zu sich zu finden. Denn wir leben und arbeiten genauso gut oder schlecht, wie wir uns fühlen. Das spüren wir nicht nur jeden Tag, dies ist auch wissenschaftlich belegt.

Die eigene Haltung ist essenziell für ein dauerhaftes Wohlbefinden, das nicht mehr so abhängig von anderen Menschen und Umständen ist. Wir können dann so leben, wie wir uns das wünschen, und besser mit unseren Ressourcen haushalten. Schön, dass Sie auf diesem Weg dabei sind.

Ihre Ilona Bürgel

Sieben Tage Wohlfühl-Glück ist eine freundliche Erinnerung an sich selbst in guten und in schlechten Zeiten.

„Die Dinge sind nie so, wie sie sind. Sie sind immer das, was man aus ihnen macht."

Jean Anouilh

Leben Sie nicht irgendwie, Sie sind doch auch nicht irgendwer!

Dem Wohlbefinden, Glück und der Gesundheit widmet sich inzwischen eine eigene Wissenschaft – die Positive Psychologie. Viel zu lange haben sich die Psychologen auf Probleme und Krankheiten gestürzt. Doch die Mehrheit der Menschen will einfach das Beste aus dem eigenen Leben machen. Schnell fand man dabei heraus, dass Glück ein schwierig zu untersuchender Begriff ist. Es scheint zu groß, zu wenig alltäglich zu sein. Der Begriff Wohlbefinden ist demgegenüber besser vorzustellen und näher an unserem Alltag und genau darum geht es. Wie findet Wohlbefinden im Alltag statt? Wohlbefinden ist höchst individuell und hängt ab von der Persönlichkeit eines Menschen, seinen Zielen und Werten und nicht zuletzt von der Aufmerksamkeit für die kleinen guten Momente, nicht nur die seltenen großen.

Woran merken Sie, dass Sie sich wohlfühlen?

Zum Wohlbefinden gehören drei Bausteine:

- unsere Art zu denken, die ist meist unbewusst;

- unsere Lebensbedingungen wie das Einkommen, die familiäre Situation, das soziale Umfeld – unsere Umwelt, die wir nur bedingt beeinflussen können;

- Entscheidungen darüber, welchen Dingen wir unsere Aufmerksamkeit schenken.

Auf dieser kleinen Reise werden Sie herausfinden, welcher Denkstil Ihrem Wohlbefinden nützt, wie Sie das Beste aus den Umständen machen und wie Sie sich öfter bewusst für Ihr Wohlbefinden entscheiden können.

Was nützt es Ihnen, wenn es Ihnen gut geht?

_____

_____

Unsere Erbanlagen bestimmen etwa zu 50 Prozent, wie leicht oder schwer es uns fällt, uns wohlzufühlen. Die Umwelt zu etwa 10 Prozent. Es bleibt ein beachtlicher Teil, den wir beeinflussen können. Übrigens gehen auch viele Glücksforscher von einem sogenannten „Set-Point", also eine Art Fixpunkt für Wohlbefinden aus, zu dem wir auch nach großen positiven oder negativen Ereignissen zurückkehren. Hier läge die Chance zu lernen, die Dinge öfter so zu nehmen, wie sie kommen oder nach Aufregung und Ärger schneller wieder zu einem guten Grundgefühl zurückzukehren.

> **IMPULS:** Was haben andere davon, wenn es Ihnen gut geht?

Menschen, die sich wohlfühlen, nutzen und entwickeln ihre sozialen und persönlichen Ressourcen, sind kreativer, motivierter, hilfsbereiter, sozialer, energievoller. Wohlbefinden ist wie ein Perpetuum Mobile.

> **IMPULS:** Wie viel Zeit wollen Sie sich täglich für Ihr Wohlbefinden nehmen?

Wenn man Wohlbefinden trainiert, nützt es am meisten, sich ernsthaft dafür zu entscheiden und es nicht nur einmal zu testen. Verantwortlich dafür ist der Botenstoff Dopamin, der ausgeschüttet wird, wenn wir uns angemessen anstrengen. Die beste Nachricht ist: Schon allein die Absicht, etwas für sich zu tun, bringt die ersten gefühlten Verbesserungen.

Die Dinge sind, wie sie sind, weil wir sind, wie wir sind

Die fünf individuellen Gefahren für Ihr Wohlbefinden

Ansprüche an uns selbst

Unter dem permanenten Druck, alles richtig und es allen recht machen zu wollen, kommen wir in einen Dauerstresszustand, der unser Immunsystem schwächt und das Denken lähmt.

Das Vergleichen

Die Art, wie wir Vergleiche anstellen, muss uns unglücklich machen. Wir schauen nicht zur Seite und zum Durchschnitt und erst recht nicht hinter uns, sondern immer nur nach ganz weit vorn. Da findet sich immer jemand, der intelligenter, sportlicher, schlanker, geduldiger oder netter ist als wir.

Das Abschweifen der Gedanken

Fast die Hälfte des Tages sind wir Menschen geistig nicht bei der Sache. Und das macht unglücklich und unzufrieden. Die gedankliche Präsenz beim Tun ist wichtiger als das, was wir tun. Denn im gedanklichen „Hier und Jetzt" fühlen wir uns immer wohl.

Wir spiegeln die anderen

Bevor wir bei der Begegnung mit anderen anfangen zu denken, haben unsere Körperzellen schon die Handlungen, Emotionen und vegetativen Zustände des Gegenübers gespiegelt. Ja, es geht so weit, dass wir die Sorgen oder den Pessimismus des Chefs oder Partners unbewusst übernehmen und dann selbst so werden.

Das Grübeln

Das Grübeln ist eine schlechte Denkgewohnheit und eine Begleiterscheinung von negativem Stress.

❗ Ohne negative Gedanken gibt es keine negativen Gefühle.

❓ Wann haben Sie sich das letzte Mal so richtig lange gefreut? Überlegen Sie kurz.

Die fünf generellen Gefahren für Ihr Wohlbefinden

Das katastrophische Gehirn

Das Gehirn konzentriert sich automatisch auf Probleme und Gefahren. Der einst überlebenswichtige Mechanismus ist heute zu einem Selbstläufer geworden.

Das Mangelphänomen

„Ich schaffe das nicht, ich habe nicht genug Zeit, Aufmerksamkeit, Wertschätzung, Hilfe …" Das Denken, nicht genug von etwas zu haben, führt zu negativem Stress und einer eingeschränkten Leistungsfähigkeit.

Negative Emotionen

Unsere Emotionen sind Hinweise, wie wir eine Situation bewerten. Leider sind negative Emotionen schlechte Ratgeber, weil sie die Perspektive einschränken.

Der Bestätigungsirrtum

Der Bestätigungsirrtum besagt, dass unser Gehirn konsequent alles bei der Verarbeitung von Informationen herausfiltert, was nicht zu unseren Erwartungen passt.

Der Zeigarnik-Effekt

Der Zeigarnik-Effekt ist ein psychologischer Effekt, der beschreibt, dass uns unerledigte Dinge nicht loslassen, weil wir uns gedanklich immer wieder damit befassen und uns unwohl damit fühlen.

Mit welchem Mechanismus beziehungsweise Effekt bringen Sie Ihr Wohlbefinden am häufigsten in Gefahr?

Das Optimum definieren

„Wenn Sie immer das tun, was Sie immer schon
getan haben, werden Sie immer das bekommen,
was Sie schon immer bekommen haben.
Wenn das, was Sie tun, nicht wirkt,
dann tun Sie etwas anderes."

Paul Watzlawick

Haben Sie klar definierte Ziele? Vielleicht sogar aufgeschrieben? Gemeint ist damit, sich darüber klar zu werden, was wir im Leben wollen – verbunden mit einer zeitlichen Festlegung. Der Begriff „Ideal" sagt vielleicht besser, was gemeint ist. Wohin will ich, was passt zu mir, was erfüllt mich? Die Relevanz von Zielen oder Idealen für unser Leben rührt daher, dass sie unserem Leben Orientierung geben und wir im Alltag so leichter dazu passende Entscheidungen treffen. Die meisten Entscheidungen treffen wir unbewusst, um nicht zu sagen unaufmerksam. Routine und Funktionieren-Müssen stehen meist vor Angemessenheit und Ergebnisorientierung. Der Unterschied ist fühlbar: Reagieren wir auf das, was das Leben so bringt, oder agieren wir, weil wir unser Leben vorgedacht haben?

Was genau wünschen Sie sich für Ihr Wohlbefinden? Notieren Sie fünf bis sechs Ideen!

MORGENGEDANKE: So wie ich mich heute verhalte, werde ich mich morgen fühlen.

Hier kommt eine Einladung zum Träumen. Wie würde der optimale Tag für Sie aussehen? Seien Sie kühn und überlegen Sie die bestmögliche Variante. Es geht nicht darum, ob ein solcher Tag machbar ist, sondern was für Sie toll wäre. Denken Sie an alle Details wie Arbeitsbeginn oder was Sie am liebsten zu Mittag essen, das perfekte Wetter …

Mein optimaler Wohlfühl-Tag:

Es ist schon eigenartig, wie unterschiedlich wir mit Zielen und Träumen im Laufe unseres Lebens umgehen. Wenn wir jung sind, träumen wir ganz viel. Was wir lernen, wie wir leben, was wir haben wollen. Später haben wir dann einiges davon erreicht und genießen die Ernte unseres Lebens. Und dann? Ist etwa plötzlich Schluss mit Visionen. Oder wissen Sie heute schon genau, wo und wie Sie mit 80 leben wollen? Wie soll Ihre Beziehung aussehen, wie werden Sie sich in Ihrem Körper fühlen und wie wird Ihr Lebensumfeld sein?

Wir können viel besser sagen, was wir fürchten, doch kaum, was richtig gut für uns wäre. Ohne eine Vorstellung von Ihrem persönlichen Ideal gibt es auch kein Wohlbefinden. Nur wenn Sie herausfinden, was die optimalen Umstände für Sie sind, können Sie auch darauf hinarbeiten und sie erreichen. Sie brauchen Ihren eigenen, einzigartigen Maßstab für Ihr Leben.

Das Ideal ist die Richtung und das dazu passende Verhalten ist dessen Konsequenz.

Wählen Sie aus Ihren Wünschen die drei wichtigsten aus und formulieren Sie diese als Ziele: konkret und positiv, so als ob sie schon Realität wären: „Ich bleibe gelassen, wenn mir im Job alles zu viel wird", „Ich freue mich über die kleinen Dinge und lasse mir die Laune nicht so schnell verderben", „Ich freue mich über die lieben Menschen um mich herum" …

Was ist Ihr Erfolgsgeheimnis zum Erreichen von Zielen?

Wenn wir unser Verhalten und hier vor allem jenes, das uns nicht gefällt oder guttut, verstehen wollen, kämen wir anstelle eines „Warum" mit der Frage „Wie wäre es besser?" nicht viel weiter?

Selbst wenn wir verstehen, warum wir so geworden sind, heißt das noch lange nicht, dass wir es ändern können. Dazu müssen wir erst einmal wissen, was die bessere Variante wäre, um dann daran zu arbeiten. Damit sich Erfolge leichter einstellen, gibt es einige bewährte Praxistests:

- Sind die Ziele, die Sie unbedingt erreichen wollen, wirklich Ihre persönlichen, idealen Ziele?
- Sind diese Ziele so kühn und attraktiv, dass Sie Lust darauf bekommen?
- Wer kann Ihnen bei Ihren Vorhaben helfen?

> **TIPP:**
> - Denken Sie mit Freude und bei vielen Gelegenheiten an Ihre Ziele.
> - Nutzen Sie ein schönes Buch oder eine Tabelle zum Notieren und Überarbeiten.
> - Visualisieren Sie Ihre Ziele durch Symbole, Bilder, Collagen, die Ihnen Freude machen und das Unterbewusstsein erreichen.

„Der Mensch ist ein zielstrebiges Wesen, aber meistens strebt es zu viel und zielt zu wenig."

Günter Radtke

Tipps auf dem Weg zum Wohlfühl-Glück

Falls Sie sich Ihre Wohlfühl-Ziele nicht bildlich vorstellen können, ist dies ein wichtiger Hinweis. Es fehlt Ihnen entweder die Übung oder die Ziele passen einfach nicht. Dann sollten Sie überprüfen, ob das, was Sie sich wünschen, Ihnen auch wirklich guttun wird, oder ob Sie nur etwas hinterherjagen, von dem Sie glauben, dass Sie es wollen.

Wir brauchen ein gutes „Wofür". Das dafür notwendige Bemühen fällt uns leichter, wenn es bedeutsam für uns ist.

Unsere Wünsche werden wahrscheinlicher, wenn wir über sie sprechen. So legen wir uns fest und zeigen, dass wir selbst an das Erreichen glauben.

Und wir bekommen einen „Fahrplan im Gehirn", wenn wir sie aufschreiben – immer wieder, auch aus verschiedenen Perspektiven. Probieren Sie es mit einem Ziel aus:

Meine Ziele

Ich konzentriere mich auf das Mögliche

Wir haben viele Spielräume in unserem Leben, die wir nicht nutzen. Sei es bei der Arbeitszeit, der Verteilung familiärer Pflichten und auch schon bei ganz kleinen Dingen, die unser Wohlbefinden beeinflussen. Oft stehen uns Gewohnheit („Ich habe immer schon so zeitig angefangen zu arbeiten"), Bequemlichkeit („Das Parfüm tausche ich nicht um, obwohl es nicht ganz mein Geschmack ist, es wird schon gehen") oder Nachlässigkeit („Ich esse auf, was nicht schmeckt, weil es bezahlt ist") im Weg.

Belohnen Sie sich, wenn Sie Ihren Wünschen und Zielen näherkommen: kleine Ziele – kleine Belohnungen, große Ziele – große Belohnungen, das motiviert und macht Spaß.

Wichtigkeitstest

Definieren Sie für jedes Wohlfühl-Ziel mindestens drei Vorzüge, die sich daraus ergeben könnten.

Hindernistest

Welche inneren Hindernisse stehen den einzelnen Wohlfühl-Zielen im Weg (etwa schlechte Erfahrungen, Zweifel, fehlende Kraft)?

Entscheiden Sie sich!

Ja oder nein. Wollen Sie die Wohlfühl-Ziele ernsthaft angehen und die möglichen Hindernisse überwinden? Wenn ja, schreiben Sie sie hier gleich noch einmal auf. Wenn nein, verändern oder streichen Sie sie und wählen Sie etwas anderes.

Herzenstest

Spüren Sie jetzt einmal nach, was Ihre Intuition zu Ihren drei Wohlfühl-Zielen sagt. Schließen Sie die Augen und konzentrieren Sie sich auf Ihr Körpergefühl. Wie viele gute Gefühle löst jedes einzelne aus? Und wie viele negative? Haben Sie eventuell noch nicht das Optimum erwischt?

> **ABENDGEDANKE:** Ab heute übernehme ich die Verantwortung für mein Wohlbefinden.

Sie sind der Schokoladenseite des Lebens viel näher, als Sie glauben!

Wohlfühl-Tagebuch

Was habe ich heute schon für meine wichtigsten Wohlfühl-Ziele getan?

_____
_____
_____
_____
_____
_____
_____
_____

Was hat mir dabei geholfen?

_____
_____
_____
_____
_____
_____
_____
_____

Wissen, was guttut

In unserem Alltag sind wir mit unseren Gedanken ständig irgendwo, nur nicht im Hier und Jetzt und bei uns selbst. Wenn der Magen nicht so laut knurrt, dass es uns bereits peinlich ist, ignorieren wir, dass wir hungrig sind. Wenn die schicken Schuhe drücken, erdulden wir das unserer Schönheit zuliebe und wenn wir schon wieder Überstunden machen und den Sport ausfallen lassen, finden wir immer eine gute Entschuldigung, warum es jetzt gerade so ist.

Wir nehmen uns einfach viel zu wenig Zeit für uns und unser Wohlbefinden. Weil wir seine Bedeutsamkeit und folglich uns selbst nicht ernst genug nehmen. Damit riskieren wir unser Wohlbefinden nicht nur, sondern nehmen auch in Kauf, dass wir so lange weitermachen, bis eine Krankheit oder Krise uns vielleicht schmerzlich aufzeigt, dass wir nicht so leben, wie es gut für uns ist. Das geht auch anders und der Aufwand ist relativ gering.

> **MORGENGEDANKE:** Wie kann ich heute dafür sorgen, dass es mir gut geht?

Wir wissen immer genau, was andere, der Chef, die Kollegen, die Partner oder Eltern für uns tun sollten, damit wir uns besser fühlen. Wenn wir Glück haben, tun sie etwas davon, meist aber nicht, und das ist auch nicht ihre Aufgabe! Wir haben unser Wohlbefinden selbst in der Hand. Denn uns und unser Leben können wir immer und überall beeinflussen. Wovor wir Angst haben, mögen die Konsequenzen sein. Etwas ändern können wir immer. Und seien es unsere Gedanken.

„Das Beste an der Zukunft ist, dass sie sich immer nur Tag für Tag ereignet."

Abraham Lincoln

Wenn wir gut denken, fühlen wir uns auch gut!

Für unser Wohlbefinden sollten wir unserem Körper, unserem Geist und unserem Herzen die Aufmerksamkeit schenken, die ihnen zustehen. Eines ohne die anderen bringt noch nicht den gewünschten Erfolg. Wenn Sie mehrmals am Tag meditieren, doch nur Fertigessen zu sich nehmen und den ganzen Abend vor dem Fernseher sitzen, werden Sie sich genauso wenig wohlfühlen wie mit der gesunden Bio-Küche gepaart mit ständiger Grübelei und Nörgelei.

Das Leben macht es uns dabei leicht. Denn alle drei Ebenen benötigen unsere Aufmerksamkeit und unser Wohlwollen. Wenn diese drei Ebenen im Einklang sind, geht alles leichter von der Hand.

Was haben Sie früher gern für sich getan, was Sie heute aus Zeitgründen nicht mehr tun?

Wie können Sie das eventuell in einer neuen Form wieder in Ihr Leben bringen?

Das kostet Sie Ihr Wohlbefinden

Geistige Faktoren
Überforderung, Vergleiche, Aufschieben von Wünschen, Perfektionismus, Pessimismus, Zweifel, Grübeln, faule Kompromisse, Spekulieren, Interpretieren, Ärger und Neid

Haltungsfaktoren
Angst zu versagen, Selbstzweifel, Überforderung, Gewissensbisse, Misstrauen, Bequemlichkeit, Überheblichkeit, gefallen zu wollen, Selbstmitleid, nicht verzeihen zu können und Unzuverlässigkeit

Verhaltensfaktoren
Schlecht über sich oder andere zu sprechen, Computer und Fernsehen als Stressabbau, Zeitverschwendung, fehlende Prioritäten, Hetzen, Multitasking, zu hohes Tempo, Unkonzentriertheit und Unordnung

Körperfaktoren
Schlechter Schlaf oder auch vor dem Fernseher einzuschlafen, keine frische Luft, keine Pausen, keine Bewegung, zu viel Kälte oder Hitze, Lärm und Unruhe

Essen/Trinken
Mahlzeiten ausfallen zu lassen, Fast Food, zu viel Kaffee, Alkohol, Heißhunger, Essen hinunterzuschlingen, nebenher zu essen, Frustessen, unaufmerksam zu essen, zu viel Zucker, Weißbrot und zu wenig gute Fette.

An viele Dinge gewöhnen wir uns einfach und hinterfragen sie kaum mehr. Vielleicht haben wir sie schon immer so gelebt, vielleicht leben die Menschen um uns auch so. Nutzen Sie die Gelegenheit, Ihre Aufmerksamkeit dafür zu schärfen.

Möchten Sie noch etwas ergänzen?

🟡 Was ich tue, hat immer Konsequenzen!

Das bringt Ihnen Wohlbefinden

Geistige Faktoren

Die Wahrnehmung auf positive Aspekte einer Situation zu lenken, aufmerksam zu sein, gute Gedanken mit guten Gefühlen, Ruhe, Selbstdisziplin, Denkpausen, geistige Disziplin, Realismus und sich auf das Wesentliche zu konzentrieren

Haltungsfaktoren

Verzeihen, Mut, sich über Erreichtes zu freuen, Angst zu überwinden, Ziele mit „ja" oder „nein", statt mit „vielleicht" zu formulieren, optimistisch in die Zukunft zu schauen, das Schwierigste/Wichtigste zuerst, Dankbarkeit und Authentizität

Verhaltensfaktoren

Angefangenes auch zu Ende zu bringen, sich zu bemühen, Eingefahrenes bewusst anders anzugehen, positive Rückmeldung zu geben, etwas Gutes für sich und andere zu tun, Telefonpausen einzulegen, gut über mich oder andere zu sprechen, zu entrümpeln, etwas für seine Ziele zu tun, den Tag zu planen, mit Freude an Vergangenes zu denken, das Gedankenkarussell zu stoppen, sich maximal drei Minuten zu ärgern, zu lachen, Freundschaften zu pflegen, Liebe zu pflegen und schöne Bücher zu lesen

Körperfaktoren

Viel Bewegung, für gute Schlafbedingungen zu sorgen, ausreichend zu schlafen, Pausen zu machen, Licht zu tanken, zu meditieren, autogenes Training, zu singen, zu tanzen, Musik, kurze Schläfchen zwischendurch, Massagen, Wellness und Zärtlichkeit

Essen/Trinken

Regelmäßig, konzentriert und frisch zu essen, viel Wasser und Tee zu trinken, wenig Süßigkeiten, und wenn vorzugsweise dunkle Schokolade, zu essen, bis ein Sättigungsgefühl eintritt, viel grünes Gemüse, viele gesunde Fette wie Fisch, Nüsse und gute Eiweiße wie Tofu, Geflügel, Wild und Milchprodukte

Machen Sie es sich zur Gewohnheit, sich gut zu fühlen

„Man müsste sein Gehirn mal aufräumen können" – ein verbreitetes Bedürfnis. Genau das können Sie tun. Wohnung, Garten, Auto und Wäsche reinigen wir doch auch, und zwar relativ häufig. Wie sieht es da mit unserem Körper aus? Wie viel Zeit investieren Sie in seine tägliche Pflege? Wahrscheinlich weniger, als gut wäre, wenn Sie einmal dazu ins Verhältnis setzen, was wir ihm abverlangen. Viel Bewegung, Stretching, Lockerung und ein regelmäßiges Ausdauertraining sollten wir unserem Körper schon täglich gönnen, wenn er lange so funktionieren soll, wie wir uns das wünschen.

Da wir das nicht immer schaffen, können wir wieder auf die Kleinigkeiten achten. Das Fenster regelmäßig öffnen, Sitz- und Stehphasen abwechseln, die Sitzhaltung prüfen, den Kiefer entspannen, die Schultern lockern. Das geht sozusagen nebenbei – wenn Sie darauf achten. Gleiches gilt für den Geist.

> Welche kleinen Aufmerksamkeiten schenken Sie Ihrem Körper?

Achten Sie auf Ihr Denken, probieren Sie neue geistige Werkzeuge. Sortieren Sie Schädliches aus. Wir tragen alle so viele falsche Erwartungen, Ärger, Zweifel, Unsicherheiten oder Erlebnisse, die wir „nicht verzeihen können" mit uns herum. Sie haben sich im Laufe des Lebens zu richtigen Bergen angesammelt. Es ist unsere Entscheidung, ob das so bleibt oder nicht. Ein erster Schritt ist wahrzunehmen, welches Denken uns schadet. Dann folgt die Entscheidung, es künftig zu lassen. Dann kontrollieren Sie die Umsetzung und lassen sich gegebenenfalls auch von anderen regelmäßig daran erinnern.

Womit können Sie heute noch aufhören, damit Sie sich wohler fühlen?

Sie könnten Ihr Wohlbefinden genau in diesem Augenblick dadurch positiv beeinflussen, dass Sie

- vergangene gute Erfahrungen gedanklich wiederholen,
- sich ganz bewusst daran erinnern,
- sich aufmerksam noch einmal freuen
- und die positiven Ereignisse des heutigen Tages einfach dazuzählen.

Schöne Ereignisse, die sich heute ereignet haben:
_____
_____

Entscheiden Sie sich künftig doch einfach bewusster. Nehmen Sie sich vor einer Entscheidung Zeit zur Prüfung der Alternativen und Konsequenzen. Überlegen Sie genau, was Sie erreichen wollen und ob die Entscheidung der richtige Schritt in diese Richtung ist. Prüfen Sie mit Kopf und Herz, ob Sie auf dem richtigen Weg sind. Wenn Sie sich im Vorhinein mehr Gedanken machen, haben falsche Entscheidungen weniger Konsequenzen. Wir ahnen im Übrigen ja meist vorher, was nicht funktioniert. Sagen Sie „ja" oder „nein" statt „vielleicht" und „ich versuche es einmal". Das können Sie lernen, und je eher Sie damit beginnen – umso besser.

Ich sage „ja" zu diesen Wohlfühl-Ideen:
_____
_____

ABENDGEDANKE: Es gibt immer etwas Neues zu entdecken, was mir guttut.

Nie wieder Stress mit dem Stress!

In Stressumfragen wird immer wieder gern die Arbeit als Stressor Nummer eins genannt. Doch „die Arbeit", „der Chef" oder „die Kunden" müssen uns nicht stressen. Es ist vielmehr unsere Art, wie wir auf die Anforderungen und Situationen in unserer Arbeit reagieren. In der TK-Stressstudie 2013 wurden die Ansprüche an sich selbst als zweiter Hauptstressor genannt – bei Frauen sind diese sogar auf Platz 1.

Zum täglichen Wohlbefinden gehört deshalb auch, eine Stress-Souveränität zu erlangen.

> **TIPP: Erkennen Sie die Mechanismen, die zu Stress führen**
> Unrealistische Ziele, zu viele Dinge gleichzeitig erledigen wollen, falsche Zeiteinschätzung, Perfektionismus, Grübeln, viel anfangen und nichts zu Ende bringen, sich ablenken lassen, mangelnde Vorbereitung, Trödeln, nicht „nein" sagen können, Überforderung, gedanklich abschweifen, Unkonzentriertheit, Müdigkeit, Gleichgültigkeit, mangelnde Selbstdisziplin, es allen recht machen wollen und gar nicht erst mit den Dingen anfangen

Zu alldem müssen wir ein gutes Gegengewicht schaffen. Denn wir können viel wegstecken, wenn wir gut für uns sorgen und einen Wohlfühl-Ausgleich schaffen.

Wohlfühl-Tagebuch

Was hat mir heute besonders gutgetan?

Zufriedenheit – unsere Wohlfühl-Erlaubnis

Von klein auf haben wir gelernt, uns immer anzustrengen und stets darauf zu achten, dass es allen gut geht, bevor wir dran sind. Und so jagen wir durch unser Leben, in der Hoffnung, diesen unerreichbaren Normen irgendwie zu entsprechen. Wir müssen nur schneller oder besser sein oder uns mehr anstrengen.

Was neben unserem Wohlbefinden dabei verloren geht, ist die Aufmerksamkeit für die Schätze, mit denen unser Leben schon längst gefüllt ist, und die Freude, unsere innere Kraft, das Leben zu genießen.

> **TIPP:** Genuss, also die Fähigkeit, sich an dem zu erfreuen, was vorhanden ist oder gerade geschieht, ist unsere wesentliche Ressource. Einmal, weil sie uns aus dem Hamsterrad dieser Leistungsgesellschaft hin zu mehr Lebensqualität führt. Und auch, weil der reine Genuss sofort wohltuend wirkt und uns nebenbei auch motiviert, etwas zu schaffen.

Genuss ist mehr als einfaches Wohlbefinden. Die Fähigkeit zu genießen kann unserem Leben Sinn schenken, ohne dass wir dabei etwas leisten müssen – eine Fähigkeit, der wir mehr Zeit schenken sollten.

Geben Sie sich die Erlaubnis zum Wohlfühl-Glück!

Unterschreiben Sie gleich hier und jetzt mit Datum und vollem Namen.

Ich erlaube mir, ab sofort das Leben zu genießen und mich wohlzufühlen.

Name und Datum

> **MORGENREFLEXION:** Ich mag mich heute bedingungslos.

Wie oft hören oder sagen Sie in Ihrem Alltag zu sich selbst: „Ich bin zufrieden mit meinen Körper" oder „Ich bin stolz auf mich"? Zufrieden ist die Menschheit fast nie. Und die inflationären Trends des „Glücklichseins", „Wünschens" und „Optimierens" legen die Messlatte immer höher. Deshalb ist es so wichtig für das Wohlfühl-Glück, dass Ihre Bedürfnisse auch von innen kommen.

Wir leben in einer großartigen Zeit. Nie gab es so viele Möglichkeiten für so viele Menschen, das Beste aus ihrem Leben zu machen. Die andere Seite der Medaille ist, dass wir verlernen, zufrieden zu sein. Und nicht mehr sehen, was wir sind und haben. Wir erfreuen uns kaum daran, weil es immer ein Anders, Schneller, Schöner, Leichter und Besser gibt.

Früher waren die Menschen zufrieden, wenn sie eine Arbeit hatten, die die Familie ernähren konnte, sonntags einen Braten essen durften und überhaupt einen Partner an ihrer Seite hatten. Heute muss der Job auch noch erfüllend sein, das moderne Individuum will anerkannt und erfolgreich sein, der Partner muss auch kochen und gut Auto fahren können, das Essen muss jeden Tag fantastisch sein.

Ja, diese Entwicklung treibt die Wirtschaft in der Welt voran. Und ja, Penicillin hat die Menschheit wirklich vorwärtsgebracht. Dass die Fernseher immer flacher und größer werden und die Telefone immer kleiner und schneller bringt uns de facto nicht weiter, sondern schafft modernen Stress und kostet oft sogar unser Wohlbefinden.

Womit sind Sie in Ihrem Leben gerade besonders zufrieden? Versuchen Sie auch das Selbstverständliche miteinzubeziehen.

Aktuelle Studien zur Lebenszufriedenheit legen dar, dass soziales Engagement und Beziehungsziele langfristig zufriedener machen als das Erreichen von materiellen und Karrierezielen. Zugespitzt könnte man also sagen: Wir schuften uns kaputt für Ziele, die uns schlimmstenfalls krank und nicht einmal glücklich machen.

Geldverdienen ist für viele Deutsche nicht nur Antrieb zur Arbeit, sondern vor allem Antrieb für zu viel Arbeit und Selbstüberforderung. Wir fühlen uns schuldig, nicht alles zu schaffen, noch nicht „genug zu haben" und nicht „gut genug" zu sein. Die Gegenwart scheint nie richtig zu sein.

🟡 Wir haben längst alles, was wir brauchen, und merken es nicht einmal.

Entscheiden Sie sich dazu, ein glückliches Leben zu führen!

Relativeren Sie Ihre Maßstäbe. Gestehen Sie sich zu, dass es niemand mehr schaffen kann, allem gerecht zu werden, wie sehr wir uns auch anstrengen. Spielen Sie öfter einmal mit dem Gedanken „Gut ist gut genug".

Was brauchen Sie wirklich, um sich wohlzufühlen?

Glück mit Bedingungen erreichen wir nie!

> **Kleines Zufriedenheits-Training:**
>
> Welche Wörter kommen Ihnen in den Sinn, wenn Sie Zufriedensein beschreiben möchten?

Betrachten Sie doch einmal, was Sie sind und haben. Denken Sie ausnahmsweise mal klein – also an all die vielen Dinge, die wir so schnell als selbstverständlich nehmen, wie ein schönes Frühstück, die freundliche Kollegin oder die lieben Eltern. Schauen Sie in den Bereichen, mit denen Sie zufrieden sind, einfach mal mit der Lupe hin.

Was mögen Sie an Ihrem Körper?

Welche schönen Dinge oder Ausflüge könnten Sie sich derzeit leisten?

> 💡 Sprechen Sie einfach öfter darüber, womit Sie zufrieden sind, das tut gut.

In Studien zur Zufriedenheit finden sich nur geringe Zusammenhänge zwischen den objektiven Lebensumständen und der subjektiven Zufriedenheit. Das bedeutet, positive Ereignisse müssen nicht zufriedener machen, negative nicht unglücklich. Beides wird beim Blick in die Zukunft oft völlig überschätzt. Nehmen wir die finanzielle Zufriedenheit: Sie hängt weniger vom konkreten Gehalt ab als von dem Gefühl, sich leisten zu können, was man sich wünscht. Die subjektive Bewertung objektiver Tatsachen ist also der Dreh- und Angelpunkt und damit die Chance für das Wohlbefinden.

Welcher Gedanke zerstört Ihnen am häufigsten die gute Stimmung?

> **HIER IST NOCH EIN PRAKTISCHER TIPP:** Wenn Sie etwas Unangenehmes fühlen, können Sie das sofort ausgleichen, indem Sie an etwas Angenehmes denken. Das hilft umso besser, je bildlicher und konkreter Sie es sich vorstellen.

Halten Sie sich raus aus negativen Interaktionen wie Klatsch oder Spekulationen. Sie rauben Ihnen und anderen ein Stück Ihres Wohlbefindens.

„Wer nicht zufrieden ist mit dem, was er hat,
der wäre auch nicht zufrieden mit dem,
was er haben möchte."

Berthold Auerbach

Sprachforscher haben herausgefunden, dass wir viel weniger Begriffe für positive Gefühle als für negative verwenden. Was wir sagen, das denken wir, und was wir denken, beeinflusst, wie wir uns fühlen. Sie können folglich schon durch den bewussten Einsatz Ihrer Sprache für Wohlbefinden sorgen.

Wie haben Sie sich heute schon gefühlt?

Zuversichtlich, aufmerksam, vertrauensvoll, freudig, stolz, vergnügt, entschlossen, optimistisch, inspiriert, interessiert, ausgelassen, anerkannt, heiter, zufrieden, erfüllt, klar, neugierig, motiviert, mutig, unternehmungslustig, stolz, unbekümmert, entspannt, staunend, fröhlich, glücklich, wohl, liebevoll, dankbar, unterstützt …

Wiederholen Sie diese Worte im Geiste, um den Blick für positive Emotionen zu schärfen. Sie können sich fragen, welches Ihr liebstes gutes Gefühl ist. Dann kann es auch ein Ziel sein, dieses öfter zu erleben.

> Welche negativen Gefühle hatten Sie heute? Zählen Sie auch diese und vergleichen Sie sie mit der Anzahl der positiven. Im besten Fall ist das Verhältnis 3:1, weil negative Gefühle mehr Schaden anrichten, als positive uns guttun. Daher brauchen wir mehr positive für den Ausgleich.

Die tägliche und bewusste Erlaubnis zum Wohlfühl-Glück und Lebensgenuss wird langfristig dazu führen, dass Sie eine positive Lebenseinstellung aufbauen. Bitte beachten Sie, dass die Abwesenheit einer negativen Lebenseinstellung noch keine positive ist und damit die angenehmen Nebeneffekte auch nicht auftreten. Diese wären:

- Optimismus, Zufriedenheit und Glück, die neben dem Wohlfühl-Faktor das Risiko, an Herzkreislauferkrankungen zu erkranken, deutlich mindern;

- ein gesünderer Lebensstil mit mehr Bewegung, gesünderem Essen und genügend Schlaf. Dieses Verhalten führt wiederum zu gesunden biologischen Funktionen wie einem niedrigeren Blutdruck, gesünderen Blutfettwerten und einem normalen Körpergewicht.

Sollten Sie sich die Erlaubnis noch nicht geben können, bleiben Sie einfach dran und versuchen Sie es später noch einmal. Die Änderung von Gewohnheiten, auch Denkgewohnheiten, erfordert Geduld, bis unser Gehirn sie etabliert hat.

- **30 Tage bis drei Monate muss neues Verhalten und Denken trainiert werden, bis es uns normal erscheint.**

Wohlfühl-Tagebuch

Was hat Sie heute ganz besonders zufrieden gemacht?

_____
_____
_____
_____
_____
_____
_____

ABENDGEDANKE: Dieser Tag war ein Genuss.

Dankbarkeit – die Wohlfühl-Garantie

Dankbarkeit ist ein alter Hut. Ein guter alter Hut. Denn das, was die Glücksforschung heute wissenschaftlich untersucht, wissen wir aus unserem Alltag längst. Eine der ältesten, wirksamsten und am einfachsten einzusetzenden Ressourcen ist Dankbarkeit. Es geht um das Bewusstsein dafür, wie gut es das Leben mit uns meint – ein Gefühl, das klar im Herzen zu lokalisieren ist.

⚠ Achten Sie einmal bewusst darauf, was passiert, wenn Sie jemandem Danke sagen.

Danke zu sagen lernen wir, wenn wir noch klein sind. Weil sich das so gehört. Schauen wir einmal genauer hin, stellen wir fest, dass Dankbarkeit auf beiden Seiten etwas bewirkt; einmal einen Augenblick des bewussten Innehaltens, weil wir etwas erhalten haben oder etwas für uns getan wurde, ein Geschenk und dann auf der anderen Seite der Moment der Wertschätzung seines Tuns. Auch wenn wir dann manches Mal beklagen, dass Oma doch einen anderen Geschmack hat als wir, bleibt es dabei, dass ein Dank guttut. Wir nehmen zumindest gute Absicht zur Kenntniss, dass jemand an uns gedacht hat und Freude bereiten wollte. Das Beste daran: Dankbarkeit kostet nichts und den Zeitaufwand können wir selbst regulieren.

Reflexion

Was ist Ihnen heute alles Großes und Kleines gelungen?

_____

_____

_____

_____

> **MORGENGEDANKE:** Heute sehe ich, wie gut es das Leben mit mir meint.

Egal wie viele Schwierigkeiten wir gerade erleben, ob wir gerade enttäuscht werden oder etwas anders als erwartet läuft, wir können für das übrige Schöne und Angenehme im Leben, das es trotzdem immer gibt, dankbar sein. Dankbarkeit bedeutet, die Aufmerksamkeit zu verlagern. Wenn wir einen körperlichen Schmerz spüren, sagen wir Zahnschmerzen, dann vergessen wir darüber alle anderen bestens funktionierenden Körpervorgänge. Nehmen wir besser das Problem zur Kenntnis und konzentrieren uns auf die Lösung. Durch die dankbare Wahrnehmung des Funktionierenden, Guten, Angenehmen bringen wir uns in den dafür wesentlichen guten Zustand.

❗ Denken Sie unbedingt daran, sich selbst zu danken.

> Die Vorteile der Dankbarkeit sind:
> - die Konzentration auf die Gegenwart
> - der Ausgleich negativer Gefühle
> - die Änderung der Wahrnehmung durch den Blick auf Positives
> - die Bereitschaft, Gutes zu tun, denn dankbare Menschen sind hilfsbereiter

Dankbarkeit setzt voraus, die alltäglichen Dinge in einen größeren Zusammenhang einzuordnen. Dadurch relativieren sie sich und wir erleben weniger Stress oder erholen uns schneller davon. Die eigenen Probleme aus der Distanz zu betrachten fördert also die Resilienz, die Widerstandsfähigkeit bei Problemen, und das Erleben von Resilienz macht dankbar. Das stärkt unser Immunsystem, der Blutdruck sinkt und der Schlaf verbessert sich.

❗ Bei Problemen rentiert sich ein kleiner Ausflug in die Vogelperspektive!

So denken dankbare Menschen:

- Ich bin dankbar für die Chancen, die mir das Leben bietet.
- Ich sehe, was ich für ein gutes Leben habe.
- Ich schätze, was ich alles erreicht habe.
- Ich zeige meine Anerkennung für andere Menschen gern.
- Ich schätze meine Gesundheit.
- Ich danke regelmäßig anderen Menschen.
- Ich finde immer eine Gelegenheit, dankbar zu sein.
- Wenn es Probleme bei der Arbeit gibt, schätze ich mein Privatleben umso mehr.
- Ich bin so froh, dass mein Leben ist, wie es ist.
- Ich erfreue mich an meiner Arbeit.
- Ich liebe meine Familie so, wie sie ist.
- Ich habe ein Ritual, mit dem ich mich daran erinnere, wie gut es mir geht.
- Ich spreche Dinge aus, für die ich dankbar bin.

- Feiern Sie auch kleine Begebenheiten, für die Sie dankbar sind, so verstärken Sie deren Wirkung.

„Wenn man glücklich ist,
soll man nicht noch glücklicher sein wollen."

Theodor Fontane

Glück, das sind die erfüllten Wünsche, geteilt durch die unerfüllten

Diese Metapher aus der Glücksforschung ist ein guter Wegweiser in die Dankbarkeit. Denn je mehr ich sehe, wie viele erfüllte Wünsche ich habe, wie viel Gutes mir geschieht, umso größer wird das Ergebnis dieser Rechnung.

Gleichzeitig führt diese Wertschätzung für das Vorhandene dazu, dass wir ein Erlebnis von Fülle statt Mangel haben und merken, dass wir nicht immer mehr brauchen, um uns wohlzufühlen. Dadurch verringert sich die Zahl unter dem Bruchstrich und das Ergebnis wächst weiter.

⚠ Dankbarkeit muss ehrlich gemeint sein.

Natürlich wird es immer mal ein „Danke" im Vorübergehen geben, bei dem wir nicht viel nachdenken und nicht viel empfinden. Aus Höflichkeit eben.

Doch niemals sollte Dankbarkeit ein Mittel zum Zweck sein, mit dem wir jemanden für uns gewinnen wollen oder etwas vortäuschen, was nicht da ist. Der Empfänger wird das sofort spüren und dann ist die Wirkung entgegengesetzt.

Welche Dankbarkeitsrituale kennen Sie?

„Gesundheit schätzt man erst, wenn man sie verloren hat."

Deutsches Sprichwort

Ältere Menschen sagen oft, dass sie früher, als die Zähne, der Rücken, die Beine, die Augen, die Ohren noch besser funktioniert haben, dies nicht genug geschätzt haben. Genauso wie wir ja auch alle gesund sein wollen und kaum etwas dafür tun.

Sind Sie sich darüber bewusst, dass unser Körper täglich altert? Um genau in dem guten Zustand zu bleiben, in dem Sie heute sind, müssten Sie jedes Jahr immer mehr dafür tun, um den biologischen Prozessen entgegenzuwirken. Wir sprechen von halten, nicht einmal von verbessern!

Umso wichtiger ist es, jetzt, heute und hier, zu genießen, was für einen großartigen Körper Sie haben. Was die Natur – ganz ohne unsere Anstrengung – sekündlich für wunderbare Arbeit leistet. Ihre Zellen erneuern sich in jedem Augenblick, das Herz schlägt von allein, im Schlaf verarbeiten Sie Informationen, Sie lernen und verstehen Sprache.

Erinnern Sie sich an Ihre letzte Wunde? Egal wie groß, sie ist wieder verheilt.

Welche Krankheiten haben Sie schon überwunden, wofür Sie dankbar sind?

Welche Medizin, Therapie hat Ihnen schon einmal gut geholfen?

Was sind die Lieblingsfunktionen Ihre Körpers, für die Sie dankbar sind?

Dankbarkeit und Arbeit

Auch im Arbeitsumfeld ist die Dankbarkeit genauso wichtig wie die Gesundheit, weil das Prinzip das Gleiche ist.

🟡 Wir schätzen kaum, was wir haben, und beklagen, wenn sich etwas ändert.

70 Prozent der Menschen sagen, die Arbeit bereitet Freude. Warum ist sie dann unser größter Stressor? Eine dankbare Haltung kann eine Brücke bauen. Nichts als selbstverständlich zu nehmen. Nicht den modernen Schreibtisch, den schicken Dienstwagen, kostenloses Wasser, die netten Kunden. Die Ausbildungen, die wir bezahlt bekommen, oder den vielen Urlaub. Wussten Sie, dass Deutschland das Land mit den meisten Urlaubs- und Feiertagen ist?

Was ist das Beste an Ihrer Arbeit, wofür Sie dankbar sind?

Wir gehen heute davon aus, dass es über Kulturen und Lebensalter hinweg fünf Sorten von Wohlbefinden gibt: Tätigkeitswohlbefinden, soziales Wohlbefinden (Freunde, Familie), finanzielles Wohlbefinden, physisches Wohlbefinden und Gemeinschaftswohlbefinden (Teil einer Gruppe, einer Kultur, eines Landes zu sein). Was glauben Sie, hat den größten Einfluss auf Ihr Gesamtwohlbefinden? Tatsächlich – es ist das Tätigkeitswohlbefinden. Der Einfluss ist sogar doppelt so hoch wie bei den anderen Faktoren.

Das Wohlbefinden verstärkt sich, wenn man das, was man tut, mag, auch wenn die Umstände schlecht sind. Engagement bei der Arbeit verbessert das Wohlbefinden während der Arbeit und in der Freizeit.

Welche beruflichen Entwicklungsmöglichkeiten wurden Ihnen bisher zuteil, für die Sie dankbar sind?

> **ABENDGEDANKE:** Es ist nie zu spät, einen guten Tag gehabt zu haben.

Legen wir doch noch ein weiteres Dankbarkeitseisen ins Feuer: Wofür sind Sie Ihren Eltern dankbar?

_____

_____

Viel zu viele Menschen hadern mit ihren Ursprungsfamilien. Zu wenig Liebe, zu wenig Aufmerksamkeit, Ungerechtigkeiten zwischen den Geschwistern, Verletzungen und Enttäuschungen werden ein Leben lang beklagt. Warum nicht jetzt und hier mit dieser Vergangenheit Frieden schließen? Die Erinnerung an unsere Vergangenheit ist immer verzerrt, interpretiert, verändert.

Alle (gesunden) Eltern tun ihr Bestmögliches. Es hat ihnen niemand etwas anderes beigebracht. Auch Sie haben gute Absichten und geben Ihr Bestes! Wir bewerten die Vergangenheit mit dem Wissen und den Maßstäben von heute. Da hat man gut reden.

Heute sind Sie für Ihr Wohlfühl-Glück zuständig. Ihre Familie hat Grundlagen gelegt, aus denen Sie aktiv etwas machen.

> Je schneller Sie sich mit Ihrer Familie versöhnen, desto besser wird es Ihnen gehen.

Wohlfühl-Tagebuch

Notieren Sie heute drei Dinge, für die Sie dankbar sind, und auch, warum das so ist.

_____

_____

_____

_____

Stärken nutzen – der Wohlfühl-Beschleuniger

> **MORGENGEDANKE:** Dieser Tag gehört mir.

Unsere Stärken oder Ressourcen sind eine niemals endende Quelle für unser Wohlbefinden.

Unsere persönlichen Stärken können wir für unser Wohlbefinden einsetzen und es steigern. Manchmal vergessen wir nur, was für Stärken und innere Ressourcen in uns schlummern. Wir werden ja auch kaum daran erinnert. Generell gibt es verschiedene Ressourcen, aus denen wir schöpfen können: physische wie eine stabile Gesundheit, soziale wie unsere Netzwerke, vor allem aber auch unsere psychologischen Ressourcen. Diese können wir am leichtesten aktivieren.

Wir setzen dabei auf das offensichtlich Vorhandene wie unsere Freundlichkeit sowie das manchmal nicht Wahrgenommene wie unsere Resilienz, wenn wir das Überstehen von Krisen als selbstverständlich wahrnehmen, und profitieren für unsere Weiterentwicklung.

Das Stärkenkonzept der Positiven Psychologie greift die guten alten Tugenden auf und untersucht, wie diese für mehr Wohlbefinden im Alltag sorgen. Für eine positive Lebenseinstellung sorgen besonders innere Stärken wie Dankbarkeit, Freude, Heiterkeit, Interesse, Hoffnung, Stolz, Vergnügen, Inspiration, Ehrfurcht und Liebe. Der Lebenszufriedenheit dienen besonders Neugier, Tapferkeit, Mut, Authentizität, Bindungsfähigkeit, Dankbarkeit und Hoffnung.

⚠ **Konzentrieren Sie sich auf Ihre Schokoladenseiten!**

Im Arbeitsalltag gibt es vier Stärken, die zu besseren Leistungen, guter Gesundheit und Verbundenheit mit dem Unternehmen führen. Das sind Hoffnung, Optimismus, Resilienz und Selbstwirksamkeit.

Unsere Signaturstärken

Es ist schön und erbaulich, dass jedes Training und jeder Einsatz unserer Stärken positives Erleben mit sich bringt. Jeder hat etwa drei bis fünf Signaturstärken, so werden in der Positiven Psychologie jene Stärken bezeichnet, die am meisten ausgeprägt sind. Sie erkennen diese daran, dass Sie sich besonders wohlfühlen, wenn Sie sie einsetzen und das Gefühl haben „Das bin ich".

Welches sind Ihre drei besten Stärken?

- ○ Neugier (Ich erfahre und probiere gern Neues)
- ○ Natürlichkeit (Ich bin echt)
- ○ Bindungsfähigkeit (Ich kann dauerhafte emotionale Beziehungen eingehen)
- ○ Freundlichkeit (Ich verhalte mich wohlwollend und liebenswürdig)
- ○ Resilienz (Ich bin ein Stehaufmännchen bei Problemen)
- ○ Selbstwirksamkeit (Ich weiß, dass mein Tun etwas bewirken kann)
- ○ Dankbarkeit (Ich bin anerkennend und wertschätzend)
- ○ Hoffnung (Ich bin überzeugt, dass ich meine Ziele erreichen kann)
- ○ Optimismus (Ich erwarte eine positive Zukunft, die ich selbst gestalte)
- ○ Humor (Ich nehme die Dinge heiter und gelassen)
- ○ Sinn (Ich denke in größeren Bedeutungszusammenhängen)
- ○ Enthusiasmus (Ich kann mich für etwas begeistern)
- ○ Mut (Ich wage etwas)
- ○ Genussfähigkeit (Ich kann mich an dem erfreuen, was da ist)

Welche davon hat Ihnen in Ihrem Berufsleben am meisten genützt?

_____

Welche davon schätzen Sie selbst am meisten?

_____

Denken Sie positiv

Eine positive Lebenseinstellung sorgt nicht nur für mehr Wohlbefinden, sondern kann sogar im Gehirn nachgewiesen werden. Sie führt dazu, dass wir die Stärken, die dieser Haltung zugrunde liegen, noch öfter einsetzen. Dies wiederum sorgt für mehr Wohlbefinden. So schaffen wir einen sich selbst verstärkenden Kreislauf.

Enthusiastische, positive Menschen sind aufgrund der Aktivitäten im linken präfrontalen Kortex neugierig und energievoll und freuen sich an den kleinen Dingen des Alltags. Ist der rechte präfrontale Kortex aktiv, sind wir nervös, gestresst und ängstlich.

Je häufiger Sie gute Gedanken haben, angenehme Dinge tun, sich entspannen oder meditieren, desto mehr trainieren Sie die linke Seite.

Positives, stärkenorientiertes Denken stärkt gleichzeitig das Immunsystem. Optimistische Studenten erkranken auch in stressigen Prüfungsphasen weniger leicht an Erkältungen, das fand die Techniker Krankenkasse heraus. Stress belastet das Immunsystem und dadurch sind Gestresste anfälliger für Krankheiten. Sind wir krank, wird es wiederum schwerer, gut drauf zu sein.

„Man muss sich durch die kleinen Gedanken, die einen ärgern, immer wieder hindurchfinden zu den großen Gedanken, die einen stärken."

Dietrich Bonhoeffer

Die Positive Psychologie als Wissenschaft von Glück beziehungsweise Wohlbefinden hat mit vielen verschiedenen Nuancen zu tun. Wir Menschen haben natürlich eine gemeinsame Basis, nach der wir funktionieren. Doch gibt es wahrscheinlich mehr Unterschiede als Gemeinsamkeiten. Die Lebenswege sind einfach einmalig.

In Studien, was zu wie viel Wohlbefinden und Erfolg im Leben führt, gibt es bei all den Unterschieden eine Eigenschaft, die wir vielleicht nicht erwartet hätten:

🟡 **Gewissenhafte Menschen leben am längsten und erfolgreichsten.**

Sie leben sehr bewusst. Was andere pingelig nennen mögen, führt zu verantwortungsvollen Entscheidungen. Sie erliegen nicht so schnell Versuchungen und nehmen die Gesundheit wichtig. Sie erarbeiten sich von klein auf beharrlich einen besseren Lebensstil und treffen jeden Tag umsichtige Entscheidungen.

🟡 **Viele kleine gute Dinge summieren sich zu einem guten Ganzen.**

Wobei sind Sie besonders gewissenhaft?

„Von drückenden Pflichten kann uns nur die gewissenhafteste Ausübung befreien."

Johann Wolfgang von Goethe

Für Wohlbefinden langfristig sorgt, wenn wir kurzfristig diszipliniert sind

Also das tun, was getan werden muss. Sich darauf zu konzentrieren und dranzubleiben, bis es vollendet ist. Wie viel Kraft, Zeit und Geld werden durch Aufschieben, Ungenauigkeit oder Unlust vergeudet. All diejenigen, die Disziplin schon früh gelernt haben, zum Beispiel beim Sport, sind gut dran. Alle anderen können es jederzeit lernen. Denn unser Gehirn belohnt uns mit dem Wohlfühl-Boten Dopamin, wenn wir uns nur überwinden.

Mit kleinen Investitionen kommen Sie Ihrem Wohlfühl-Glück schon ein gutes Stück näher. Ideen für den Alltag sind:

- Bestimmen Sie das Ende für Meetings und halten Sie sich daran.
- Seien Sie pünktlich.
- Ändern Sie, was Sie stört, sofort (falscher Bürostuhl, Zugluft).
- Legen Sie fest, wie lange Sie sich einer Sache widmen.
- Essen Sie nur, was Ihnen guttut, auch wenn Ihnen etwas geschenkt wird.
- Trinken Sie nur, was Ihnen guttut, egal wer Ihnen was anbietet.
- Sparen Sie am Monatsanfang den gewünschten Betrag.
- Gehen Sie schlafen, wenn Sie müde sind, nicht wenn die Feier vorbei ist.

Was sind Ihre Ideen:

„Lebenskunst ist die Kunst des richtigen Weglassens. Das fängt beim Reden an und endet beim Dekolleté."

Coco Chanel

Wir sollten mindestens fünf Minuten am Tag dranbleiben, wenn wir etwas Neues lernen oder neue Gewohnheiten etablieren wollen. Dahinter steckt die Erkenntnis der Gehirnforschung, dass ungenutzte Bahnen in unserem Gehirn absterben. Wollen wir sportlicher werden, sollten wir mindestens fünf Minuten täglich Sport treiben. Wollen wir gelassener werden? Versuchen wir es mindestens fünf Minuten am Tag.

Welche Ihrer Stärken wollen Sie als Erstes fünf Minuten täglich einsetzen?

_____

_____

_____

Eine Minute am Tag reicht schon, um darüber nachzudenken, was wir dafür tun können, dass es uns gutgeht.

Nehmen Sie eine Stoppuhr und testen Sie, wie viel Sie in einer Minute denken können.

> **ABENDEGEDANKE**: Wir fühlen uns dann am wohlsten, wenn wir körperlich und geistig gut drauf sind.

Unser persönliches Wohlbefinden können wir schon durch Kleinigkeiten verbessern!

Investieren Sie in Aktivität. Wenn Sie „zu müde" sind, ist die beste Zeit für Sport. Sie erhalten den größten Effekt.

Schlafen Sie gut und ausreichend. Wir lernen und verarbeiten im Schlaf.

Treiben Sie Sport, um das Stresshormon Cortisol abzubauen und die Durchblutung des Gehirns zu verbessern.

Laufen oder Walken vernetzt durch die gleichzeitige Bewegung von Armen und Beinen die Gehirnhälften, sodass sie besser zusammenarbeiten.

Treffen Sie bessere Entscheidungen beim Essen. Aus hunderten „Ausnahmen" entsteht der falsche Körper.

Wohlfühl-Tagebuch

Überlegen Sie, welche Kleinigkeit heute Ihr Wohlbefinden gesteigert hat?

Positives Denken – das Wohlfühl-Werkzeug

„Das Glück deines Lebens hängt von der Beschaffenheit deiner Gedanken ab."

Marcus Aurelius

> **MORGENGEDANKE:** Ich gebe heute dem positiven Denken eine Chance.

Der Nocebo-Effekt ist die Kehrseite des Placebo-Effektes – die Erwartung, etwas wird schaden. Wenn Sie vom Arzt über die Nebenwirkungen eines Medikaments belehrt werden, dann werden Sie diese höchstwahrscheinlich auch erleben. Einmal Gehörtes oder Gelesenes vergessen wir schlecht wieder und das Gehirn beginnt an der Erfüllung zu arbeiten. Das funktioniert überall gleich.

Für einen Alltag mit mehr Wohlbefinden heißt das,

statt:	besser:
Mitarbeiter zu kritisieren,	Mitarbeiter zu stärken,
Probleme wiederholt zu besprechen,	Raum für Lösungsvarianten zu finden,
mit sich selbst zu hadern,	die eigenen Fortschritte zu sehen.

Und Ihre Ideen?

Der Ursprung dessen, was wir als positives Denken bezeichnen, ist die Autosuggestion, also die Nutzung von positiven Formeln und Sätzen zur Beeinflussung von Verhalten, Befinden und Körperreaktionen. Sie wurde bereits im Ersten Weltkrieg in Frankreich als Selbsthilfe-Methode genutzt.

Heute zeigt insbesondere die Forschung um den Placebo-Effekt in der Medizin den weitreichenden Einfluss unseres Denkens. Als „Placebo" wird eine Wirkung beschrieben, die nicht durch ein Medikament selbst, sondern durch die Erwartung einer positiven Wirkung zustande kommt.

Ja, wir können umdenken!

Welche gute Erfahrung mit positivem Denken fällt mir spontan ein?

Wenn Sie heute jemand fragen würde, wie sich die Welt der Arbeit verändert hat – was würde Ihnen einfallen? Tendenziell eher die Verbesserungen, neue Möglichkeiten, mehr Einkommen, längere Pausen, weniger Unfälle und körperliche Anforderungen oder die Belastungen und Unsicherheiten? Egal ob Arbeit oder Kriminalstatistik, wir müssen bewusst relativieren. Denn über nicht gestohlene Handtaschen wird nicht berichtet und an gute Umstände gewöhnen wir uns schnell.

Zu relativieren gilt es auch bei unseren Erwartungen. Wir übertreiben es gern mit dem Glück und Wohlergehen. Das ständige Angebot an Wegen zum Glück erzeugt einen Glücksdruck und verschiebt die Ansprüche ins Grenzenlose. Die Menge an individuellen Glücksmöglichkeiten impliziert schnell auch den Vorwurf des „Nur-nicht-Wollens". Selbst bei Krankheiten steht im Raum, ein falsches Lebenskonzept oder etwas falsch gemacht zu haben.

Positives Denken heißt authentisches positives Denken:

- 🟡 Bleiben Sie realistisch.
- 🟡 Bleiben Sie, wer SIE sind.
- 🟡 Bleiben Sie wohlwollend.
- 🟡 Bleiben Sie auf dem Boden der Tatsachen.

„Unser Kopf ist rund, damit die Gedanken die Richtung ändern können."

Francis Picabia

Sich Gutes tun fängt beim Denken an!

Und geht beim Handeln weiter. Damit sich die Wirkungen des positiven Denkens voll entfalten können, müssen wir uns wieder einmal etwas erlauben. Nämlich den Gedanken, dass Veränderungen schnell gehen können, leicht sein und sich gut anfühlen dürfen. Die Idee, unser Wohlbefinden an den Anfang unseres Denkens zu stellen, scheint so einfach zu sein, dass man sich getreu dem Motto „Gute Medizin ist bitter" nicht vorstellen kann, dass das funktioniert. Wagen Sie den Selbstversuch. Gute Erfahrungen helfen dabei, neu zu denken.

Welche Gedanken führen schnell und leicht zu einem Wohlfühl-Glücksgefühl?

_____

_____

_____

_____

_____

_____

Oder suchen wir nach Bereichen, in denen wir die Leichtigkeit, das Positive und unser Wohlbefinden schon jetzt leben. Zum Beispiel in der Freizeit. Wir alle haben Werte, Wünsche, Träume und Ängste, egal ob mit Freunden oder Kunden. Interessant wäre es also, das, was wir im Privatleben als so angenehm erleben, in die Arbeit mitzunehmen.

Sind wir genauso hilfsbereit, großzügig und freundlich, wenn es um den Chef oder Kollegen geht? Warum nicht? Hier liegen unsere Chancen für eine bessere berufliche Zukunft. Und mehr Wohlbefinden.

„Auch aus Steinen, die einem in den Weg gelegt werden, kann man Schönes bauen."

Johann Wolfgang von Goethe

Es beginnt wirklich alles im Kopf

Führen wir an dieser Stelle positives Denken mit dem Stärkenkonzept zusammen. Befassen wir uns mit Optimismus, der inneren Überzeugung, in der Zukunft positive Dinge zu erleben. Optimistische Menschen stellen sich den Anforderungen und lernen dadurch, selbstwirksam zu agieren. Das wiederum führt zu optimistischen Erwartungen für die nächste Situation. Geht etwas schief, wird der Optimist wieder aktiv und lernt daraus, statt sich selbst anzuklagen.

In welchem Lebensbereich sind Sie am optimistischsten?

Optimisten sind offen und gehen auf andere Menschen zu. Weil sie offen und aktiv sind, sind sie meist für andere ein angenehmer Umgang. Die aktivere Lebenseinstellung macht Optimisten stressresistenter und es gelingt ihnen leichter, Krisen zu bewältigen. Wenn ich in einer Krise weiß, dass sich die Dinge irgendwann wieder zum Guten wenden, ist sie weniger bedrohlich. Ich fühle mich besser und deshalb kann ich tatsächlich besser denken und handeln.

Positive Erwartungen nützen jedoch nur dann, wenn ihnen Taten folgen. Egal ob Sie abnehmen wollen oder eine berufliche Karriere starten, Tagträume sind nicht genug. Sie können sogar eher vom Tun abhalten, wenn damit die Illusion verbunden ist, die Dinge würden von allein geschehen. Die eigene Aktivität ist der Schlüssel zum Erfolg.

> **TIPP:** Beginnen Sie mit der Nutzung des Spielraums zwischen negativem und positivem Denken und leben Sie einen Ihrer aufgeschobenen Träume noch heute.

Realistischer Optimismus ist das Optimum für Ihr Wohlbefinden

So schützen Sie sich gleich noch vor dem „Optimism bias", der Tendenz der Optimisten, das Erfreuliche zu überschätzen, zum Beispiel die Gesundheit oder die eigenen Talente. Unterschätzt werden gern Risiken und negative Informationen.

Welchen Spruch oder Gedanken haben Sie, mit dem Sie sich daran erinnern, optimistisch zu denken?

_____

> **Optimisten**
> leben länger und gesünder, erholen sich nach Operationen schneller, haben Wunden, die schneller heilen, gehen gelassener mit Stress um, sorgen sich weniger.

Es ist übrigens egal, ob die Gefühle echt sind oder künstlich hervorgerufen werden. Mit guten Gefühlen und Gedanken sind Sie stressresistenter und erholen sich schneller.

Wer könnte ein Vorbild in Sachen positives Denken oder Optimismus für Sie sein und warum?

_____
_____
_____
_____

So hört sich optimistisches Denken an

- Es wird schon gut gehen.
- Ich erwarte eine gute Zukunft.
- Ich habe viel Gutes erlebt und das wird auch so bleiben.
- Wenn es so nicht geht, dann eben anders.
- Ich kann Einfluss nehmen und tue dies auch.
- Ich passe mein Verhalten den Erfordernissen der Situation an.
- Ich gehe offen auf andere Menschen zu.
- Ich habe Glück.
- Ich stecke andere gern mit meinem Optimismus an.

ABENDGEDANKE: Das Leben ist zu kurz, um sich zu ärgern. Ärger ist nur eine Möglichkeit, kein Muss.

Wohlfühl-Tagebuch

Was für optimistische Gedanken haben mir heute besonders gutgetan?

Gutes Gewissen – das Wohlfühl-Sahnehäubchen

Dieser Tag wird Ihrer neuen Lebenseinstellung die Krone aufsetzen. Denn was nützen Ihnen alle guten neuen Ideen, wenn Sie sich dabei nicht wohlfühlen?

> **TIPP:** Kommen Ihnen diese Gewissensbisse bekannt vor?
> Was denken die anderen über mich, wenn es mir so gut geht?
> Ist das gerecht, dass ich es mir so gut gehen lasse?
> Meine Eltern haben es sich nie leicht gemacht, was werden sie sagen?
> Werde ich ein Egoist, wenn ich so gut für mich sorge?

Welches sind Ihre Zweifel?

Das schlechte Gewissen hält uns davon ab, bei Entscheidungen unsere eigenen Interessen wichtig zu nehmen. Entscheiden wir uns trotzdem für unsere Bedürfnisse, fühlt sich das schlecht an, entscheiden wir uns dagegen – auch.

❗ Gönnen Sie sich regelmäßig ein Stückchen Schokolade und fragen Sie sich dabei, ob Sie heute schon gut genug für sich gesorgt haben.

Welche Vorteile hätte Ihr stabiles Wohlbefinden für die Menschen in Ihrem Leben, privat und beruflich?

> MORGENGEDANKE: Es ist egoistisch, nicht gut für sich zu sorgen. Weil wir dann von außen die Lieferung unseres Wohlbefindens erhoffen – von anderen Menschen oder der Arbeit.

„Wenn du einen Traum hast, musst du ihn beschützen."

Hermann Scherer

Es ist höchste Zeit, einen großen Irrtum aufzuklären, der befreit:

❗ Sie sind kein Egoist, wenn Sie gut für sich sorgen!

Gut für sich zu sorgen heißt keineswegs, schlecht für andere zu sorgen! Und für sich heißt nicht gegen andere! Wir denken so schnell in „Entweder-oder"-Kategorien. Doch das Leben besteht aus vielen „Sowohl-als-Auchs".

Wenn Sie mit Ihren Kindern Hausaufgaben machen, nachdem Sie eine kurze Pause hatten, werden Sie viel ruhiger und konzentrierter sein.

Wenn Sie Ihre Eltern anrufen, nachdem Sie gut gegessen haben, werden Sie viel verständnisvoller sein.

Wenn Sie statt drei Abendeinladungen pro Woche nur eine oder zwei annehmen, werden Sie viel mehr Spaß haben.

Und wem nützt das? Genau. Ihnen und den anderen. Das ist der Trick, den es zu durchschauen gilt.

❗ Wir können mit einem guten Gewissen sofort unser Wohlbefinden verbessern!

Vier Gründe, warum wir uns kein schlechtes Gewissen machen sollten

- Wenn es uns gut geht, kümmern wir uns automatisch gern um andere.
- Wenn es uns gut geht, können wir den Menschen um uns herum mehr geben.
- Wenn es uns gut geht, sind wir stressresistenter.
- Wenn es uns gut geht, haben wir einen klaren Blick zur Problemlösung.

> **ABENDGEDANKE:** Ich bin auch nur mit dem Besten für mich zufrieden, weil ich mein Bestes gebe.

Wohlfühl-Tagebuch

Was hat mir heute besonders gutgetan?

_____

_____

_____

Wie habe ich mich dabei gefühlt, besser auf mich selbst zu achten?

_____

_____

_____

Wohlfühl-Rituale und Oasen schaffen

Planen Sie am besten Wohlfühl-Rituale in Ihren Alltag ein. Die Tasse Tee oder Kaffee, das Stück Schokolade, fünf Minuten Tagträumen, den Moment im Garten oder auf dem Balkon. Ein Telefonat, die Auswahl der Kleidung, die Kerze beim Essen, Musik vor dem Schlafen …

Bewusst gestaltete Rituale strukturieren den Tag, geben Orientierung und Halt und dienen der besseren Stressbewältigung, weil sie die Nervenzellen im Gehirn beruhigen. Rituale haben im Unterschied zu Routinen unsere volle Aufmerksamkeit und Bedeutung, weshalb wir uns wohlfühlen. Gleichzeitig entwickeln wir eine gute Gewohnheit und unser Umfeld lernt leichter zu akzeptieren, was wir tun.

„Ich habe einen ganz einfachen Geschmack: Ich bin immer mit dem Besten zufrieden."

Oscar Wilde

Ich wünsche Ihnen, dass Ihnen die Umsetzung in vielen kleinen Schritten immer besser gelingt. Wenn es an einem Tag mal nicht klappt, fangen Sie einfach am nächsten wieder an.

Diese kleine Erinnerung an Sie wird Sie von nun an begleiten wie ein guter Freund, der zuerst an Sie denkt.

Alles Gute für Sie wünscht
Ilona Bürgel